Energien einer neuen Zeit

Einweihung und Handbuch

in den

Weg Erzengel Michaels

Einweihungen 4-6

Band 7

von

Mechwa Melchizedek Arkterion

Was enthält dieses Buch?

1. Mit dem Kauf dieses Buches erhältst du die **Einweihung 4-6** in **den Weg Erzengel Michaels** und das **Handbuch** dazu, welches du in diesem Buch findest.

2. Im Handbuch wird beschrieben, wie du die Einweihung abrufen kannst und wie du das Energiesystem einsetzten kannst, welche Effekte es hat und welche Fähigkeiten es dir gibt.

3. Zudem enthält dieses Buch eine Einleitung mit Wissen und Techniken zu Einweihungen und energetischen Arbeiten. Es werden praktisch und einfach einige Grundbegriffe der Magie erklärt. Diese Einleitung ist in allen meinen Büchern aus der Reihe „Energien einer neuen Zeit" gleich.

4. In der Einleitung findest du einige wertvolle göttliche Invokationen welche du zum energetischen Arbeiten einsetzen kannst.

5. Der Weg Erzegel Michaels ist der erste Teil meiner Serie „Göttliche Intervention". Er eignet sich für jeden, jedoch muss die Reihenfolge der Einweihungen eingehalten werden. In diesem Buch werden die vierte bis zur sechsten Einweihung weitergegeben das vorherigen Buch mit den Einweihungen 1-3 sind Voraussetzung um mit diesem Buch arbeiten zu können.

Der Weg Erzengel Michaels

Der Weg Erzengel Michaels ist eine Serie aus 10 Einweihungen in die Kräfte und das Wesen Erzengel Michaels.

Im Verlauf der Einweihungen werden in dir übernatürliche Kräfte geweckt und gegeben. Das Licht des Erzengels wird in dir verankert und du erhältst himmlische Gaben und Fähigkeiten.

Erzengel Michael ist auch bekannt als der Wille Gottes und 'als der der ist wie Gott'. Er ist der Führer der Himmlischen Heerscharen und Bewahrer der Gerechtigkeit, Klarheit und Übermittler des göttlichen Willens. Erzengel Michael beschützt und reinigt. Er ist der mächtigste mir bekannte Krieger. Erzengel Michael lehrt uns unsere eigene Macht anzunehmen und ermutigt dich deinen Weg in die Göttlichkeit zu gehen. Erzengel Michael ist zugleich ein Seraphim und steht vor dem Throne Gottes.

Es gibt viele Namen für Gott, für das höchste Prinzip, die universelle Intelligenz, unser aller Schöpfer, ich habe mich entschieden sie Ewige Heilige Quelle zu nennen und werde dies auch hier so weiterführen. Alle Einweihungen des Weg Erzengel Michaels wirken in Übereinstimmung mit deinem höheren

Selbst, deiner Seele und der Ewigen Heiligen Quelle und in Übereinstimmung mit Erzengel Michael und des Seraphim Michael.

Die Weihe in den Weg Erzengel Michaels besteht aus 10 Einweihungen. Jede Einweihung baut auf der vorherigen Auf. Das bedeutet das du die Einweihungen nur in der Angegebenen Reihenfolge empfangen kannst. Sobald du die 10 Einweihungen erhalten hast bist du ein Geweihter oder eine Geweihte des Erzengels Michael.

Wie die Sucher der mystischen Wege Wissen ist alles Äußerliche auch Innerlich und und so wirst du auf deinem Weg zum Geweihten oder zur Geweihten des Erzengels Michael, erkennen das die Kräfte auch ein Aspekt, ein wichtiger Aspekt, deiner selbst sind.

Innen und Außen sind Ausdruck unsere Dualen Welt, in der Unipolarität des Geistes ist alles zugleich Innen und Außen. Erzengel Michael ist der Erzengel „der so ist wie Gott“ er überwindet die Dualität und weist den Weg zurück in die Einheit. Dies ist der Weg in unsere Heimat, in den Zustand aus dem wir kamen und in welchen wir, eines Tages, zurückkehren werden.

Einleitung

Eine kurze Einführung in das energetische Arbeiten.

Kapitel 1

Was ist eine Einweihung, Einstimmung oder Initiation?

Alle drei Begriffe beschreiben den Vorgang einer Energieübertagung welche bestimmte Effekte, Kräfte, Fähigkeiten, Information und/oder Wissen von einem Eingeweihten an einen anderen überträgt welcher die Einweihung erhält.

Dabei ist bedeutend: Du musst die Einweihung nur ein einziges Mal Abrufen um die Fähigkeiten dauerhaft benutzen zu können!

Das ist ähnlich einer App auf deinem Smartphone. Du installierst die App einmal und kannst Sie danach immer wieder Benutzen.

Ein klassisches Beispiel hierfür ist eine Reiki-Einweihung bei welcher der Reiki-Lehrer seinem „Schüler“ eine Einweihung gibt und während dessen eine Reinigung und Öffnung der Energiekörper und Zentren des „Schülers“ stattfindet und dieser die Fähigkeit erhält die Reiki-Energien zu Benutzen.

Dabei gibt der Einweihende der Eingeweihten auch alle Informationen,

z. B. durch ein Handbuch, welche diese braucht um die Energien, Fähigkeiten usw... welche Sie durch die Einweihung erhalten kann sinnvoll Anwenden zu können.

Während die Worte Einweihung und Einstimmung synonym verwendet werden könne und es mehr eine Geschmacksfrage ist welche man verwendet bezeichnet Initiation auch immer einen Entwicklungssprung im Bewusstsein in ein „mehr" an Bewusstsein.

Kann jeder eine Einweihung bekommen?

Das gute vorweg: Die Zeiten in welchen du 3 Jahre lange den Ashram deines Meisters putzen musstet, um die nächste Einweihung zu bekommen sind endgültig vorbei!

Prinzipiell kann jeder Mensch Einweihungen empfange und benutzen. Es gibt Einweihungen, welche sich für Anfänger gut eignen und auch jene welche eher für Fortgeschrittene und Experten im Bereich der Energiearbeit sind.

Anmerkung:
Sollte im Bereich „Was enthält dieses Buch" nichts vermerkt sein eignet sich die Einweihung für jeden. Anderenfalls steht dort das man z.B. Erfahrung in Energiearbeit mitbringen sollte oder ähnliches.

Alleine das du den Weg zu diesem Buch gefunden hast macht es wahrscheinlich, das du bereit bist diese Einweihung zu empfangen.

Gibt es Voraussetzungen die Ich erfüllen muss oder sollte?

Wenn es ein Energiesystem ist, welches aus mehren Einweihungen besteht MUSS! Die Reihenfolge eingehalten werden. Also zuerst die erste Einweihung des Energiesystems und dann die zweite und dann die dritte...!

Wenn eine Einweihung eine solche Voraussetzung hat, steht immer noch einmal explizit im Handbuch, welche Einweihung du haben musst um diese Einweihung empfangen zu können.

Eine weitere Voraussetzung, welche du mitbringen solltest ist eine gewisse körperliche und psychische Belastbarkeit. Eine Einweihung bedeutet Veränderung in deinem energetischen Systemen. Du brauchst etwas Energie um die Veränderungen zu integrieren und auch etwas Zeit in der du dich Erholen kannst.

Daher rate ich davon ab im Fall einer eines akuten Infektes wie z. B. einer Grippe oder ähnlichen eine Einweihung zu machen. Dies ist, aber kein hartes Ausschlusskriterium. Die Entscheidung dazu liegt bei dir. Die Einweihung wird auf jeden Fall funktionieren.

Kapitel 2

Die Einweihung in diesem Buch

Die Einweihung in diesem Buch ist vorbereite und an einem Ort jenseits von Zeit und Raum welcher auch als ewiger Moment bezeichnet werden kann gespeichert und wird von ewigen heiligen Wesen gewartet, beschützt und für deine Einweihung direkt von der Ewigen Heiligen Quelle (Gott) perfekt für dich gemacht.

Somit erhältst du immer eine erstklassige Einweihung welche perfekt auf deine Bedürfnisse und deinen Entwicklungsstand angepasst ist.

Der Ort der Einweihung

Da du während der Einweihung dein eigenes Energiesystem öffnest, um die Energien der Einweihung zu empfangen ist es angemessen dies an einem Ort zu tun, welcher für dich energetisch sauber ist.

Das kann z.B. dein Wohnzimmer oder dein Schlafzimmer sein, dein Dojo, ein kleiner Tempel (den du kennst) oder auch ein Ort in der Natur.

Da du während der Einweihung ungestört sein musst ist von allen öffentlichen Orten abzuraten! Besonders abzuraten sind Orte wie Krankenhäuser, Einkaufszentren, Hotels und Hostels und auch bei größeren und älteren Kirchen usw...

Die Ausnahme:

Sollte es gar nicht anders gehen, weil z.B. backpackend durch Indien reist und nicht warten möchtest, bis du wieder zu Hause bist und du dennoch an einem öffentlichen Ort z.B. in einem Hostel die Einweihung empfangen willst dann bitte ich dich besondere Aufmerksamkeit auf die Reinigung des Ortes vor der Einweihung zu legen und dafür zu sorgen während der Einweihung ungestört zu sein z.B. mitten in der Nacht, wenn alle anderen Schlafen.

Reinige den Ort

Du kannst den Ort und dich vorher energetisch reinigen, um dich auf die Einweihung vorzubereiten. Es gibt viele Möglichkeiten der energetischen Reinigung z. B. räuchern oder ein schon erlerntes Energiesystem anwenden, Mantren singen oder eine Invokation.

Invokation:

Eine sehr effiziente und effektive Form der Reinigung ist die Anrufung Melchizedeks, Metatrons und Mahatmas und der Bitte um das Platinnetz. Das Platin Netz reinigt von allen disqualifizierten Energien und Entitäten und ist eine kraftvolle Technik.

Sage dazu mental oder besser laut: Ich rufe an Melchizedek, Metatron und Mahatma und bitte um die Verankerung des Platinnetzes für mich und (beschreibe den Ort z. B. deine Wohnung) um alle disqualifizierten Energien und Entitäten zu entfernen. Danke.

Danach ein paar Minuten wirken lassen!

Diese Technik kannst du auch für deine Alltägliche energetische Reinigung nutzen.

Vor der Einweihungen

Während der Energieübertragung der Einweihung musst du ungestört sein.

Das bedeutet, dass du am besten alleine bist und dein Smartphone am besten ausschaltest oder zumindest lautlos stellst, die Türe schließt, ggf. deinen Mitbewohnern, Kindern, Partner sagst das du jetzt eine Zeitlang nicht gestört werden möchtest.

Während der Einweihung sollte kein Fernsehen oder ähnliches laufen auch von jeglicher Musik ist abzuraten. Falls du dennoch gerne Musik dabei hören möchtest, ist sanfte, ruhige Meditationsmusik eine Möglichkeit. Vermeide alle Musik, die Text hat, inklusive Mantren. Auch bitte auf Haustiere wie Katzen oder Hunde achten! Es kann sehr unangenehm sein und ist schlecht für den Einweihungsprozess, wenn man gerade seit 20 Minuten mitten im Energiestrom und Prozess der Einweihung ist und einem dann die Katze auf dem Bauch springt.

Empfange die Einweihungen

Im Handbuch ist beschrieben wie du die Einweihung abrufen und empfangen kannst. Es handelt sich für dich um einen sehr einfachen Prozess. Du legst dich bequem hin oder setzt dich bequem und sagst den Einweihungssatz und lässt die Einweihung dann eine bestimmte Zeit geschehen, welche weiter unten in Handbuch angegeben ist.

Es ist Weise sich an Zeitangaben zu halten. Du bekommst meine Einweihungen so, wie sie gerade für dich Perfekt sind!

Solltest du spirituell schon weiter auf deinem Weg sein und dein Energiekörper schneller und mehr Energie verarbeiten können, dann bekommst du die Einweihung einfach in einer stärkeren und wirksameren Variante die Zeit bleibt aber normalerweise gleich. Daher wenn der Einweihungsprozess 30 Minuten dauert, wäre es sehr ungünstig, wenn du nach 10 Minuten aufstehst und einen Kaffee trinken gehst.

Ausnahme:

Du bist ein Meister/eine Meisterin und weist genau, was du tust! Du bist derart fortgeschritten in deiner Entwicklung das der ganze Prozess selbst in der für dich optimaler Stärke einfach schneller geht. Dann warte, bis du merkst das der Prozess beendet ist.

Nach der Einweihung

Nach deiner Einweihung danke allen lichtvollen Wesen welche an deiner Einweihung beteiligt waren und der Ewigen Heiligen Quelle für die Einweihung und trinke ein großes Glas Wasser.

Falls du möchtest kannst du 1-2 Stunden warten, bis sich die Energien der Einweihung in deinem Energiekörper gesetzt haben bevor du die Fähigkeiten der Einweihung anwendest. Das ist, aber kein muss!

Invokation:

Eine lichtvolle Invokation um die Einweihung schnell und effektive permanent in deine Matrix zu schreiben ist die Anrufung der kleinen Wirbelstürme (kleine energetische Wirbel) welche sehr hilfreich sind energetische Veränderungen dauerhaft zu verankern und festzuschreiben.

Sage hierzu laut oder mental: Ich rufe an die kleinen Wirbelstürme. Danach warte 5 Minuten.

Fertig!

Von jetzt an kannst du alle Fähigkeiten und Effekte der Einweihung einsetzten. Wie dies geht, steht weiter unten im Handbuch.

Kapitel 3

Fragen und Anmerkungen zur Einweihung

Fühle/bemerke ich die Einweihungen?

Einfach gesagt kommt es dabei auf deine Fähigkeit an Energien wahrzunehmen. Da eine Einweihung jedoch ein relative starke energetischer Prozess ist nehmen, meiner Erfahrung nach, die allermeisten die Einweihung wahr.

Dabei fühlen manche Energien, andere sehen Bilder, andere hören himmlische Musik und viele fühlen sich danach entspannt und etwas schläfrig. Es können auch andere Phänomene auftreten. Wie du höhere dimensionales wahrnimmst, hängt von deiner Veranlagung und natürlich auch deiner Übung ab.

Wie stark wirken die Kräfte aus den Einweihungen? Kann ich diese noch erhöhen?

Die Kräfte, Fähigkeiten usw... allgemein die Stärke der Wirksamkeit meiner Energiesysteme und deren Energien für dich und dein Leben hängt von mehren Faktoren ab.

Einer ist, wie oft du die Kräfte anwendest! Alle Kräfte werden durch häufiges Anwenden wirksamer, tief greifende und können mehr

Verändern. Bei Ermächtigungen wirst du mit jeder Anwendung immer mehr in das Ermächtigt worin dich die Ermächtigung ermächtigt.

Wie sind deine persönlichen Voraussetzungen?

Das möchte ich mit einem Beispiel erklären, dem des Buisness CARE welches positive für dein Buisness wirkt. Wenn du jetzt noch gar keine Idee hast wie dein Buisness aussehen soll, dich mit Buisness noch nie beschäftigt hast, die dazu gehörigen Fähigkeiten erst noch entwickeln musst, dann ist Bussiness CARE auch genau das richtige für dich denn es wird dir bei all diesen Schritten helfen und dennoch wird es wahrscheinlich etwas dauern bis du Ergebnisse wie z. B. ein gut laufendes Business in der materiellen Welt siehst einfach, weil die Grundvorraumsetzungen dafür erst geschaffen werden müssen.

Anders herum, falls du schon ein Geschäftsmann eine Geschäftsfrau bist, schon eine Geschäftsidee hast, vielleicht schon ein Bussiness betreibst und jetzt anfängst Buisness CARE zu benutzen können Effekt natürlich einfach und schnell in dein Leben treten und dein Buissness verbessern, da viele grundlegende Dinge bereits vorhanden sind.

Dies ist ein Beispiel, welches sich auf die meisten meiner Energiesysteme Übertragen lässt.

Die Energien selbst sind höherdimensional und stellen selten bis nie den begrenzenden Faktor da.

Gibt es Synergien zwischen den Einweihungen und Energiesystemen?

Ja die gibt es. Hier wieder das Beispiel des Akasha Lernens mit welchem du unter andren Wissen, Fähigkeiten und vieles mehr aus den Akasha Chroniken downloaden kannst. Damit kannst du dir dann z. B. Wissen und Fähigkeiten zum Energiearbeiten oder z. B. wie du persönliches Prana, welches du durch die Einweihung in die Pranaatem Erweckung enorm erhöhen kannst, benutzen kannst.

Es gibt viele mögliche Synergien. Werde Kreative!

Dich erneut Einweihen

Du kannst deine Einweihung stärken und die Lineage Klären!

Du kannst eine Einweihung, nachdem du sie einmal erhalten hast, jederzeit erneuern, indem du dich bequem hinsetzt oder legst und sagst:

Ich rufe an die Ewige Heilige Quelle und bitte Sie mich erneut in Einweihung (Name der Einweihung) einzuweihen.

Danach 5–10 Minuten warten, die erneute Einweihung braucht weniger Zeit als die erstmalige. Durch diese erneute Einweihung wird deine Einweihung auf den neusten Stand gebracht und verstärkt.

Das ist besonders sinnvoll, wenn du viel spirituelle / energetische Entwicklung gemacht hast und du jetzt viel mehr Energie verträgst und mit mehr Macht umgehen kannst als zu dem Zeitpunkt als du die Einweihung zum ersten Mal erhalten hast.

Das erneute Einweihen behebt auch Fehler welche bei einer Einweihung passiert sein können z.B., weil du gestört wurdest während der Einweihung und es klärt die Lineage deiner Einweihung.

Nach der erneuten Einweihung ist deine Lineag: Ewige Heilige Quelle (Gott) →Du.

Das funktioniert für jede Einweihung nicht nur, für die welche ich begründet habe.

Dabei bleibt natürlich der Stile des Begründers der Einweihung erhalten und auch die hohen Wesen, die bei der Einweihung mit wirken sind, natürlich auch ein Teil von Gott und dennoch macht es einen Unterschied, ob man 6 Menschen in der Lineage vor einen hat oder die Einweihung noch einmal in einer Version direkt von Gott hat.

Du wirst merken das deine Einweihungen danach stärker, angenehmer, irgendwie greifbarer sind und besser funktionieren.

Achtung:

Das ist etwas Gutes von Zeit zu Zeit, es ist nicht sinnvoll alle 2 Tage seine Einweihungen zu erneuern. Das wäre nur eine unnötige Belastung deines eigenen energetischen Systems.

Erdung, Erdung, Erdung!

Die Energiearbeit allgemein und das Empfangen einer Einweihung im Speziellen kann dazu führen, dass du dich etwas abgespacet fühlst und dich erden solltest.

Sich Erden zu können ist eine der grundlegendsten Fähigkeiten eines jeden der mit höher dimensionalen Kräften arbeitet! Mit den Füßen fest auf der Erde zu stehen ist bedeutend für deinen Erfolg, egal bei was, hier auf der Erde.

Um es in einem einfachen Bild zu beschreiben, ein Sportwagen und selbst wenn er 500 PS hat, kommt nirgendwo hin, wenn er über dem Boden schwebt und sich die Reifen in der Luft drehen.

Bitte achte immer auf eine gute Erdung!

Invokation:

Ein einfacher und effektiver Weg dich zu Erden ist Erzengel Sandalphone (der Gärtner Gottes und der Erzengel der materiellen Welt), Erzengel Chamuel und Mahatma (den Avatar der Synthese) anzurufen und sie zu bitten dich zu erden.

Lege dabei unbedingt einen Zeitraum fest, da sie es sonst eventuell nur solange tun wie du deinen Fokus darauf gerichtet hältst!

Sage laut oder mental: Ich rufe an Erzengel Sandalphone, Erzengel Chamuel und Mahatma und ich bitte sie mich 3 Stunden lang zu Erden.

Anstelle von drei Stunden kannst du natürliches auch jede andere Zahl nennen jedoch ist ein natürliches Limit bei 24 Stunden erreicht. Danach erwarten die höheren Wesen das du erneut darum bittest.

24 Stunde Erdung haben einen sehr kräftigen Effekt für den Alltag gebrauche reichen für die meisten sicher 3 oder 6 Stunden.

Kapitel 4

Magie und Ethik

Ethik, Karma & was für eine Art von Magie ist das?

Es handelt sich bei allen meinen Energiesystemen um göttliche/hohe Magie. Diese Form von Magie hat ihren Ursprung jenseits der Welt der Gegensätze (Dualität) in der Einheit allen Seins.

Meine Magie ist in Ausrichtung auf die Ewige Heilige Quelle und wirkt daher positive auf deine Entwicklung, reduziert oftmals karmisches und ist generell eher das was man in der Welt der Gegensätze als „weiße Magie“ beschreiben würde. Das liegt daran, dass die höheren Welten alle (zumindest soweit ich dies Erkannt habe) in positiver Weise auf Leben, Harmonie, Licht und Liebe ausgerichtet sind und dies natürliche Wirkprinziepien des Kosmos sind. Das bedeutet das göttliche hohe Magie automatisch eine Ausrichtung in diese Richtung hat.

Es gibt einen hohen Toleranzbereich da dir, als inkarnierter Mensch es selbstverständlich frei steht dich sowohl in Ausrichtung auf dein göttliches Selbst als auch in Ego Art und Weise zu verhalten. Du kannst dich natürlich selber entscheiden, wie du die Magie anwendest.

Bitte mach dir dennoch klar das deine Gedanken, dein Handeln und besonders dein magisches wirken Wirkungen haben. Gleiches zieht gleiches an. Es geht hier nicht um eine moralische Beurteilung, sondern einfach um die real Wirkungen.

Ein einfaches Bild da zu ist der liebevolle weiß Magier welcher weises und liebevoll handelt und als Resonanz dazu und glücklich ist und einfach so Geschenke bekommt und jemand etwas liebevolles für ihn tut.

Auf der anderen Seite ist der egoistische angsterfüllte schwarz Magier welcher versucht mit Kontrolle seine Ziele zu erzwingen und andere zu übervorteilen und als Resonanz dazu unglücklich ist, mit der Welt hadert, sich vor der Vergeltung seiner Feinde fürchtet und ihm dann und wann unangenehme Dinge geschehen.

Ja das Bild ist etwas plakative, aber es trifft den Kern der Sache. Die gesetzt des Karmas sind zwar abgeschafft worden und die Gesetzte der Gnade in Kraft getreten aber die Gesetzte der Resonanz sind weiterhin in Kraft.

Ganz davon ab, eignet sich meine Magie hervorragen und für liebevolle lichtvolle Zwecke und eher weniger für die stark egolastigen Dinge. Doch am Ende baue ich keine Kindersicherungen in meine Magie ein und jeder ist für die Art, wie er meine Energiesysteme anwendet selber Verantwortlich!

Willensfreiheit

Bitte beachte prinzipiell das Gebot der Willensfreiheit und es ist ethisch dir die Erlaubnis Andere einzuholen, bevor du Energien für Sie anwendest.

Die Beachtung des Freien Willens ist ein hohes Gut darf aber nicht dazu führen, das obwohl du etwas tun könntest du untätig daneben stehst während schlimme Dinge passieren!

Prüfe, warum du eingreifen willst, ist es Ego? Ist es Mitgefühl? Ist es höhere Bestimmung? Und dann handle nach besten Wissen und Gewissen!

Mist ich habe einen Fehler gemacht!:

Eine sehr gute Invokation ist die Anrufung des Heiligen Geistes um deine Fehler ungeschehen zu machen! Dies funktioniert für alle Arten von Fehlern.

Verstehe hier bitte das Fehler von fehlen kommt! Einen Fehler macht man, weil einem etwas Fehlt z. B. das Bewusstsein, Wissen, Fähigkeiten usw... um etwas ohne Fehler zu machen. Es handelt sich hierbei keinesfalls um eine moralische Frage, in dem Sinne das du etwas schuld bist oder falsch gemacht hättest. Fehler gehören zum Leben dazu und mit dieser Invokation kannst du Fehler ungeschehen machen.

Der Heilige Geist wird nur das ungeschehen machen was er/sie als einen Fehler ansieht und nur soviel wie jetzt zu deinem höchsten größten freudvollen Wohl ist. Daher empfehle ich diese Invokation zumindest ab und zu zumachen. Einmal die Woche ist sicher gut und zusätzlich, wenn du glaubst das du sie brauchst.

Invokation:

Allgemein

Sage laut oder mental: Ich rufe an den Heiligen Geist und bitte meine Fehler ungeschehen zu machen und auch das Karma das durch meine Fehler in Bewegung gesetzt wurde ungeschehen zu machen! Danke.

Für ein Thema

Sage laut oder mental: Ich rufe an den Heiligen Geist und bitte meine Fehler in Bezug auf XY (Person, Handlung, Thema oder Beschreibung dessen was du meinst) ungeschehen zu machen und auch das Karma das durch meine Fehler in Bewegung gestezt wurde ungeschehn zu machen! Danke.

→ Du kannst hinzufügen: Und ich bitte auch das dies auch für all meine früheren Inkarnationen geschieht.

→ Du kannst hinzufügen: Und ich bitte das die frei werden Energien transformiert werden.

Ich möchte die Einweihung nicht mehr, wie kann ich mich ausweihen?

Ein einfacher Gedanke mentaler Art reicht in diesem Fall nicht aus, um eine Ausweihung zu bewirken.

Rufe die Ewige Heilige Quelle an und bitte sie darum dich aus dem Energiesystem auszuweihen. Tu dies verbal und deutlich hörbar.

Falls du dies nicht verbal tun kannst. Schreibe die Anrufung auf einen Zettel und spreche sie dann mental.

Da du das Energiesystem einmal erhalten hattest, kannst du jederzeit die Ewige Heilige Quelle bitten dich erneut in das Energiesystem einzuweihen. Siehe dazu Punkt 3.3

Kapitel 5

Weiteres und ein paar abschließende Worte

Wie kommt der Preis für die Einweihung zustande?

Eine Frage welche mich lange Umgetrieben hat war: Zu welchem Preis ich meine Einweihungen weitergeben möchte. Mich bis zu dem Punkt ausbilden und zu initieren das ich solche Energiesysteme in höchster Qualität „herstellen“ kann hat mich trotz meines kosmischen Erbes und Wesens hier in meiner aktuellen Inkarnation bisher über 15000 Stunden Übung und Arbeit „gekostet“ und dennoch gebe ich hoch magische, göttliche Einweihungen zu einem kleinen Preis weiter!

Der Preis dieser Einweihung in diesem Buch ist nicht an dem Wert der Einweihung gemessen, denn würde ich das tun müsste ich viel höhere Summen verlangen.

Da ich möchte das möglichst viele Menschen Zugang zu Magie erlangen und auch aus Überzeugung daran Glaube das es richtig ist das sich jeder meine Magie leisten kann, gebe ich meine Einweihungen zu einem kleinen Preis über meine Bücher weiter.

Sind alle deine Einweihungen in Buchform erhältlich?

Nein, es ist nur eine Auswahl meiner Energiesysteme in der günstigen Buchform erhältlich.

Ich gebe einige meiner Energiesystem und Einweihung in der günstigen Buchform weiter, weil ich möchte das meine Einweihungen erschwinglich sind. So hat jeder die Möglichkeit in auch für kleines Geld einige meiner Einweihungen und Energiesysteme zu erhalten und auszuprobieren.

Ich habe viele Einweihungen und Energiesysteme welche ich über meine Website anbieten werde.

Einweihungen, welche du direkt über meine Website beziehst kommen mit einem Zertifikat, der Anleitung und Fähigkeit die Einweihung weiterzugeben und persönlichen Support bei Fragen rund um die Einweihung und Energien und der Möglichkeit das ich eine Einweihung speziell für dich vorbereite.

Es gibt auch Energiesysteme und Einweihung welche ich aus ethischen oder magischen Gründen nur an Menschen weitergebe welche ich persönlich Kenne und bei denen ich mir sicher bin, das die Energien in guten Händen sind.

Während ich dieses Buch schreibe, ist die Website noch nicht fertig sie wird jedoch nach mir benannt werden was bedeutet das du Sie, sobald

Sie online ist, finden wirst, wenn du in einer Suchmaschine Mechwa Melchizedek Arkterion eingibst.

Kann ich die Effekte der Energiesysteme auch für andere Anwenden?

Ja, oftmals ist dies im Handbuch direkt erwähnt. Falls nicht sage nach dem Aktivierungssatz „aktivieren für (Name oder Beschreibung).„. Sollte eine Energie nur für dich anwendbar sein ist dies im Handbuch vermerkt.

Muss ich mich exakt an das Halten, was im Handbuch steht oder darf ich auch mit den Energien experimentieren?

Bitte halte dich immer an die beschriebenen Einweihungsprozess, da dieser so designend ist das er optimal und zu deinem höchsten freudvollen Wohl dich in eines meiner Energiesysteme einweiht.

Bei der Anwendung der Energien würde ich dir als Anfänger rate dich erst mal einfach an das Handbuch zu halten, bis du Erfahrungen gemacht hast.

Du kannst natürlich mit allem experimentieren und das gehört, wenn man selber Meisterschaft oder ähnliches anstrebt auch einfach dazu. Daher probiere aus, wo du gute Ideen hast oder dir deine Intuition etwas sagt.

Wie viel Zeit soll ich zwischen den Einweihungen lassen?

Die Wartezeit zwischen Einweihungen dient dazu das du die und deinen Körpern die Zeit gibst die es braucht, um die Einweihung zu integrieren und zu verarbeiten.

Ich empfehle nicht mehr als eine Einweihung pro Tag zu machen! Eine Einweihung pro Tag ist für die meisten schon ein starkes Pensum und es ist auch völlig in Ordnung ein paar Tage oder eine Woche vergehen zu lassen, um sich an die Einweihung zu gewöhnen. Es kommt auch ein wenig darauf an wie „Fit“ du energetisch, psychisch, und körperlich bist und wievielt Erfahrung du schon hast.

Manchmal ist das angegeben, wenn du z.B. ein Energiesystem mit mehren Levels hast und dann angegeben ist wie lange du zwischen den Einweihungen warten sollst.

Anmerkung:

Es gibt ein paar ältere Energiesysteme (wie z.B. das Usui Reiki) wo einem tatsächlich empfohlen wird ein halbes Jahr oder ähnliches zwischen Einweihungen zu warten und bitte außerdem noch deinen „Meister“ zu verehren... Das war vielleicht Anfang des 20ten Jahrhunderts angemessen (vielleicht auch nicht) heutzutage ist dies aber mit vollkommener Sicherheit nichts als grober Unfug! Lass dir nicht erzählen das du solange bräuchtest, um bereit für nächste Einweihung zu sein und wenn du etwas Verehren willst suche dir etwas was deiner Verehrung wirklich würdig ist.

Muss ich den höheren Wesen, die das alles mit machen etwas dafür geben?

Klarer Antwort: Nein! Du musst nicht. Höhere Wesen kämen niemals auf die Idee dich zu etwas zu Zwingen und bei göttlicher Magie und den Wesen, die damit zu tun haben gehen, die Sachen generell aufs Haus. Es sind Wesen jenseits von Zeit und Raum (einfach gesagt haben sie diese ebenen Transzendiert) und Sie haben auch soweit ich weiß immer jede Menge (eventuell auch unendlich viel) Energie, Zeit und Möglichkeiten usw.

Allerdings und das gilt besonders für die Aufgestiegenen Meister: Wenn viel gegeben wird auch erwartet das Dafür etwas getan wird. Nicht in der Art das du Schulden hättest und nicht das du dir Feinde machen würdest, wenn du es nicht tust aber in der Art: Hey du hast coole Kräfte und Fähigkeiten und auf der Welt gibt es viel zu tun, hilf bitte mit. Das wird allerdings auch immer in Übereinstimmung mit deiner Bestimmung sein und auch dir zugutekommen.

Habe Freude!

Freude ist der richtige Kompass im Leben um zu wissen, was einem guttut und wohin die Reise gehen soll. Magie darf Spaß und Freude machen! Sicher ist sie manchmal auch sehr ernst und dennoch Freude gehört dazu! Also scheu dich nicht Sie auch mal für etwas einzusetzen was nur dem Spaß und der Freude dient. In Wahrheit gibt es kaum einen höheren Zweck des Lebens als göttliche Freude im Werden und Sein.

Ich wünsche dir ein glückliches Leben voller Freude und Erfolg!

Kodoish Kodoish Kodoish Adonai Tsebyaoth
OM NAMAH SHIVAYA

Mechwa Melchizedek Arkterion

Genug der langen Reden hier kommt das Handbuch:

Der Weg des Erzengel Michaels

4. Einweihung

Die Gerechtigkeit und Liebe des Erzengels Michael

Voraussetzungen: Das Erstarken des Erzengels Michael

Begründet von Mechwa Melchizedek Arkterion

Diese Einweihung verankert erneut mehr des Lichts, des Wesens und der Energien Erzengel Michaels in dir. Dein Mut, deine

Hoffnung, deine Zuversicht und deine Führungsqualitäten steigen und auch deine Urteilskraft wird erhöht und geschärft ebenso wie deine Fähigkeit zu wissen und zu fühlen wann es angemessen ist zu urteilen und wann es angemessen ist die Welt einfach zu Wertschätzen und sie in liebe anzunehmen wie sie ist. Du erfährst mehr von der bedingungslosen Liebe der Ewigen Heiligen Quelle und wirst empfänglicher für die ewige heilige Liebe die alles was ist durch wirkt. Deine Fähigkeiten zur Gnade und zur Vergebung werden erhöht, dir selbst und auch Anderen gegenüber. Dein Charisma und deine Autorität steigen.

Um die Einweihung in die Gerechtigkeit und Liebe des Erzengels Michael zu erhalten, lege dich hin oder lehne dich entspannt zurück und sage laut oder mental:

Ich empfange jetzt die Einweihung in die Gerechtigkeit und Liebe des Erzengels Michael wie sie von Mechwa Melchizedek Arkterion begründetet wurde und von meinem Lehrer / meiner Lehrerin ausgesendet wurde und perfekt gemacht wurde für mich durch die Ewige Heilige Quelle, JETZT!

Du beginnst die Energien Erzengel Michaels in die Welt auszustrahlen. Deine Anwesenheit gibt Menschen Mut, und Hoffnung, erinnert sie an ihre eigene Göttlichkeit, erweckt ihre

Liebe und Frieden und das über den Moment hinaus in dem du Anwesend bist. Das Licht, Wesen und die Energien des Erzengels Michael berühren sie. Du reinigst durch deine Anwesenheit deine Umgebung und auch die Menschen, Tiere, Pflanzen und Mineralien in deiner Umgebung und selbstverständlich auch dich selbst.

Du kannst deine Ausstrahlung für eine Zeit stark erhöhen in dem du mental oder laut sagst:

Erzengel Michael, Ausstrahlung erhöhen für (wie lange du möchtest, maximal 24 Stunden. Es ist auch möglich dies Situation bezogen zu tun z.B. solange ich in der U-Bahn bin).

Alle oben zur Ausstrahlung beschrieben Effekte werden dadurch stark erhöht. Es ist möglich das die Heilung Kranker in deiner Anwesenheit beginnt und das sie schneller gesund werden, das Menschen ihre Liebe zu sich selbst und der Welt wieder finden oder diese in Ihnen gestärkt wird und vieles mehr. Bitte beachte das diese Verstärkung nicht sonderlich subtile ist!

Solltest du, oder deine Schutzbefohlenen, Freunde, Geliebten, Familienmitglieder oder Verbündeten in Gefahr geraten oder wichtige Ereignisse anstehen können sich die Gaben und Kräfte Erzengel Michaels von jetzt an, ohne deine Bewusste

Entscheidung, jedoch stets zu deinem höchsten, freudvollen Wohle und dem höchsten freudvollen Wohle des desjenigen für den sich die Gaben und Kräfte Erzengel Michaels aktivieren, aktivieren und verstärken. Es ist möglich das du auf eine Gefahr hingewiesen wirst.

Die Reinigung durch das Licht, Wesen und die Energien Erzengel Michaels ist eine weitere Energiefunktion dieser Einweihung. Du kannst die Reinigung auf dich selbst, andere Menschen, Tiere, Pflanzen, Mineralien, Orte, und auch Gruppen von Wesen anwenden. Ebenso ist es möglich diese Reinigung auf nicht inkarniert Wesen, z.B. die Geister von verstorben anzuwenden.

Sage laut oder mental um die Erzengel Michael Reinigung für dich zu aktivieren:

Erzengel Michael Reinigung, aktivieren.

Sage laut oder mental zum reinigen Andere, eines Ortes, eines Gegenstandes, eines Tieres oder einer Pflanze:

Erzengel Michael Reinigung, aktivieren für (Name der Person, Beschreibung des Ortes, des Gegenstandes, des Tieres, der Pflanze, ein Bild vor dem geistigen Auge)

Willst du dich selbe in einer Session reinigen oder eine Reinigungssession Session für einen Anderen machen. So lege sich der Empfänger bitte bequem hin. Für die Reinigungssession ist es gut mindesten 30 Minuten Zeit einzuplanen. Es geschieht eine tiefe intensive Reinigung auf vielen Ebenen des Seins.

Um diese für dich zu aktivieren sage laut oder mental:

Erzengel Michael Reinigungssession aktivieren!

Um sie für Andere zu aktivieren sage laut oder mental:

Erzengel Michael Reinigungssession aktivieren für (Name oder Beschreibung).

Der Weg des Erzengel Michaels

5. Einweihung

Die Widerstandsfähigkeit und Klarheit des Erzengels Michael

Voraussetzungen: Die Gerechtigkeit und Liebe des Erzengels Michael

Begründet von Mechwa Melchizedek Arkterion

Diese Einweihung verankert erneut mehr des Lichts, des Wesens und der Energien Erzengel Michaels in dir. Das Licht, die Energien und das Wesen Erzengel Michaels werden in deiner Seele verankert. Die Energien und das Licht Erzengel Michaels werde jetzt verstärkt in deinem physischen und deinen ätherischen Körper verankert und machen sie widerstandsfähiger gegen jede Art von Schaden. Deine deine natürliche Widerstandsfähigkeit wird gesteigert und verstärkt und deine übernatürliche Widerstandsfähigkeit wird erweckt und verstärkt und verankert. Du wirst im erhöhten Maße, fähig Schaden durch Gifte, Elektrizität, Magnetfelder, Strahlung, Feuer, Hitze und Kälte, Gewalteinwirkung, Krankheiten und schädlicher Magie zu widerstehen und es ist möglich das du bis zu einem gewissen Grad keinen Schaden nimmst. Deine Ausdauer, Stärke und Belastbarkeit erhöhen sich. Deine Fähigkeiten übernatürliche Angriffen, schädlichen außerirdischen Technologien, mentalen und seelischen Übergriffen zu widerstehen steigt an.

Um die Einweihung in die Widerstandsfähigkeit und Klarheit des Erzengels Michael zu erhalten, lege dich hin oder lehne dich entspannt zurück und sage laut oder mental:

Ich empfange jetzt die Einweihung in die Widerstandsfähigkeit und Klarheit des Erzengels Michael wie sie von Mechwa Melchizedek Arkterion begründetet

wurde und von meinem Lehrer / meiner Lehrerin ausgesendet wurde und perfekt gemacht wurde für mich durch die Ewige Heilige Quelle, JETZT!

Die Energien des Erzengels Michael wirken auf deinen emotionalen Körper, deinen mentalen Körper und berühren deinen Kausalen Körper und segnen dich.

Durch die Verankerung der Energien, des Wesens und des Lichts Erzengel Michaels in deiner Seele können Packte mit Entitäten welche nicht in Ausrichtung auf die Ewige Heilige Quelle sind, auf Dauer nicht bestehen. Sie werden schwächer, gelöst und mit der Zeit vollständig entfernt.

Dein Geist wird vom Licht, Wesen und den Energien Erzengel Michaels berührt. Dein Seelenplan wird dir klarer werden und deine Klarheit über die Richtigkeit deines Tuns und Denkens erhöht sich. Deine Klarheit im Denken und Fühlen steigt.

All diese Veränderungen geschehen in Übereinstimmung mit deinem höheren Selbst, deiner Seele und der Ewigen Heiligen Quelle.

Wenn du deine natürliche und übernatürliche Widerstandsfähigkeit in dir erwecken, stärken und verankern möchtest sage:

Erzengel Michael Erwecke, Stärke und Verankere mehr meiner natürlichen und Übernatürlichen Widerstandsfähigkeit in mir!

Es ist ratsam während dessen zu liegen und danach eine Zeit zu ruhen.

Es ist möglich deine Widerstandsfähigkeit kurzzeitig zu erhöhen:

Sage hierzu mental oder laut:

Erzengel Michael Widerstandsfähigkeit Erhöhung Aktivieren!

Dies hält ca. 30 Minuten! Du kannst diese Fähigkeit so oft hintereinander Aktivieren wie du möchtest!

Wenn du in einer Gefahren Situation bist kann sich diese Fähigkeit auch ohne deine Bewusste Entscheidung aktivieren.

Z.b. bei einen Autounfall oder wenn jemand versucht dich körperlich anzugreifen oder jemand einen schwarz magischen Zauber auf dich wirkt!

Der Weg des Erzengel Michaels

6. Einweihung

Das Feuer des Seraphim Michael

Voraussetzung: Die Widerstandsfähigkeit und Klarheit des Erzengels Michael

Begründet von Mechwa Melchizedek Arkterion

Du wirst erneut gesalbt dieses mal vom höheren Aspekt Erzengel Michael dem des Seraphim Michael. Es ist eine Taufe im heiligen, göttlichen Feuer des Seraphim Michael. Dein Körper, deine Seele und dein Geist erhalten Zugang zum heiligen göttlichen Feuer des Seraphim Michael und zum dem Licht, den Energien und dem Wesen des Seraphim Michael . Dein eigenes göttliches Feuer wird entzündet (falls es nicht schon brennt) und entfacht. Das Heilige Göttliche Feuer des Seraphim Michael beginnt dich von allen Zaubern, Technologien und niedrig Schwingenden Energien zu reinigen welche nicht deinen höchsten freudvollen Wohle dienen und nicht in Ausrichtung auf die Ewige Heilige Quelle sind. Das Licht die Energien und das Wesen des Seraphim Michael werden in dir Verankert.

Um die Einweihung in Das Feuer des Seraphim Michael zu erhalten, lege dich hin oder lehne dich entspannt zurück und sage laut oder mental:

Ich empfange jetzt die Einweihung in das Feuer des Seraphim Michael wie sie von Mechwa Melchizedek Arkterion begründetet wurde und von meinem Lehrer / meiner Lehrerin ausgesendet wurde und perfekt gemacht wurde für mich durch die Ewige Heilige Quelle, JETZT!

Du kannst dein eigenes Göttliches Feuer entfachen und Stärken in dem du Sagst:

Seraphim Michael, entfache und stärke mein Göttliches Feuer, auf das es ewig Brenne.

Wenn du mehr des Lichts, des Wesens und der Energien Erzengel Michaels und des Seraphim Michaels in dir verankern möchtest lege dich hin wenn du 30 Minuten ungestört sein kannst und sage:

Seraphim und Erzengel Michael verankere mehr deines Lichts, deines Wesens und deiner Energien in mir!

Du kannst das Feuer des Seraphim Michaels Aktivieren um deine Erleuchtung zu beschleunigen, Innere Hindernisse zu Überwinden, Blockaden welche deine Entwicklung hemmen zu transformieren und/oder zu entfernen und deinen Lichtquotienten zu erhöhen.

Sage Laut oder Mental:

Feuer des Seraphim Michael, Aktivieren!

Feuer des Seraphim Michael, Aktivieren!

Feuer des Seraphim Michael, Aktivieren!

Du kannst das Feuer des Seraphim Michael auch aktivieren um dich zu reinigen.

Sage: Feuer des Seraphim Michael, reinige Mich!

Oder

Sage Feuer des Seraphim Michael, reinige mich von (z.B. meiner Sucht nach ... , der Magie von Person xyz)!

Dies ist eine starke Reinigung und sie darf nur mit ausdrücklicher schriftlicher oder Verbaler Erlaubnis für andere anwendet werde. Danke das du das respektierst!

Über Mich den Begründer dieses Energiesystems.

Ich bin Mechwa Melchizedek Arkterion

Ich bin ein hohes Lichtwesen, welches sich als Mensch auf der Erde Inkarniert hat und ein Magier.

Nach meiner Erweckung 2012 zur Zeitenwende durchlief ich im Eilverfahren alle hohen Initiation und wurde mir meiner Selbst wieder bewusst. Dieser Prozess ist noch aktive.

Um aus höher dimensionaler Sicht die Erlaubnis zu haben, in die Geschehen auf der Erde eingreifen zu dürfen, musste ich selbst Mensch werden und diese Leben und die Geschehnisse selber Erleben.

Daher verbrachte ich die Jahre bis 2012 in einer Art Dämmerschlaf aus dem ich mit Wucht wach gerissen wurde, um jetzt meinen Aufgaben nachzugehen.

Mein klares Ziel die Anhebung der Erde und aller Menschen in mindestens die 5te Dimension in vollkommener Realisierung.

Dazu gehört auch das Wiedererwachen der Magie im Menschen und des göttlichen Erbes eines jeden einzelnen Menschen und der gesamten Menschheit. Im Grunde ist es ein Bewusstwerdungsprozess denn ihr seid das alles schon und erkennt nur wieder, was ihr seid.

Ich halte viel davon das Leben hier auf Erden grundlegend zu akzeptieren, ja es zu feiern, es zu lieben und das was noch nicht in Liebe ist zu verbessern und zu transformieren.

Dieser Planet ist wunderschön. Kaum einer im Universum der nicht schon mal von der Erde gehört hat.

Lasst uns zusammen diesen Planeten zu dem Paradies machen, welcher er in Wirklichkeit ist.

ICH BIN Liebe
ICH BIN Licht

Herzlich und mit besten Wünschen
Mechwa Melchizedek Arkterion

Rechtliches und Haftungsausschluss

Dieses Energiesystem ersetzt keinen Heilpraktiker, Arzt oder Psychologen! Bitte wende dich an einen Heilpraktiker, Arzt oder Psychologen, wenn du gesundheitliche Probleme hast. Du bist für die Effekte diese Energiesystems, wenn du es anwendest, selbst verantwortlich. Ich übernehme keine Haftung für Schäden welche durch dieses Dokument und/oder die Anwendung dieses Energiesystems entstehen. Ich verspreche keine Heilung. Dies Energiesystem wird außerhalb der Heilkunde angeboten.

Die Verwendung und Umsetzung der Informationen erfolgt auf eigenes Risiko. Haftungsansprüche für Schäden und Unfälle jeglicher Art, die durch Nutzung der Informationen in diesem Buch sind ausgeschlossen. Somit sind jegliche Rechts- und Schadensersatzansprüche ausgeschlossen.

Das Buch und Handbuch sind Urheberrechtlich geschützt und unterliegen somit den gesetzlichen Regelungen zum Urheberrecht. Dieses Dokument ist urheberrechtlich geschützt. Dieses Energiesystem darf nur in Verbindung mit diesem Dokument weitergegeben werden und das Dokument darf nicht Verändert werden.

Zum magischen Inhalt:

Der magische Inhalt also die Einweihung ist an einem Ort jenseits von Zeit und Raum.

Auf höheren Ebenen werden die Einweihungen durch die Himmlischen Heerscharen und weitere Höhere Wesen und Gottheiten geschützt und der „Ort“ der Einweihung ist durch niedere Magie und Psi-Fähigkeiten oder Ähnliches völlig unerreichbar.

Impressum

Selbstverlag über die neopubli GmbH:

Name des Verfassers: Bernd Zimmermann
Ophausen 57
53804 Much

Druck: epubli – ein Service der neopubli GmbH, Berlin

FSC
www.fsc.org
MIX
Papier aus verantwortungsvollen Quellen
Paper from responsible sources
FSC® C141904

Druck:
Customized Business Services GmbH
im Auftrag der KNV-Gruppe
Ferdinand-Jühlke-Str. 7
99095 Erfurt